AF319183

RÉPERTOIRE

DES

CONNAISSANCES USUELLES

OU

FAITS HÉROIQUES

ACCOMPLIS PAR LES SOURDS-MUETS DANS LES JOURNÉES DES 22, 23 ET 24 FÉVRIER

SUIVIS

D'UNE DISSERTATION SUR LA DACTYLONOMIE, D'UN HISTORIQUE
SUR L'ÉDUCATION DES IDIOTS ET DE DEUX NOTICES SUR
UNE JEUNE SOURDE-MUETTE-AVEUGLE ET SUR UN
JEUNE SOURD-MUET-AVEUGLE, ÉCOSSAIS.

PARIS

—

1849

LES SOURDS-MUETS.

A ne considérer que les faits eux-mêmes, on pourrait contester à la rigueur la justesse de la dénomination de *sourds-muets*, donnée habituellement à ceux qui sont reçus dans nos établissements philanthropiques. Le mutisme suppose nécessairement l'incapacité de produire des sons et de les articuler, que cette incapacité provienne soit de l'absence de quelques-uns des organes vocaux, soit de quelque défaut de conformation dans cette partie du corps humain. Or, l'enfant sourd muet naît avec les organes aussi complets et aussi sains, du moins en apparence, que l'enfant qui entend et qui parle. Si on ne voit jamais la langue du premier en mouvement, c'est faute d'exercice ou d'instruction. Supposons un enfant dont les jambes soient condamnées dès le berceau, à rester oisives pendant un plus ou moins long intervalle de temps ; au premier pas, il tombe, mais il n'est pas incapable de marcher. C'est seulement qu'il ne s'est jamais essayé dans cet exercice. L'enfant sourd-muet se trouve dans un cas parfaitement semblable. En effet, sans l'ouïe, ce cicérone de la langue (qu'on me passe le mot), qui la met en jeu, comment l'exercer par lui-même pour venir à bout d'articuler des sons aussi distinctement que l'homme pourvu de cet avantage ? Ainsi donc le mutisme, loin d'être une conséquence forcée de la surdité, se tient seulement dans sa dépendance par un effet de sa liaison naturelle.

La surdité, en général, a pour cause une paralysie totale du nerf auditif, ou, au dire des médecins, un amas de matière dans la cavité interne de l'oreille, ou un gonflement des glandes, ou une excroissance dure qui bouche le conduit auditif, etc.

Ce fait, avéré et aussi clair que la lumière du soleil, avait échappé à l'attention d'Hippocrate et d'Aristote : un bénédictin espagnol, Pedro de Ponce, l'a mis le premier au jour.

Pour obvier à de si graves inconvénients, on dut nécessairement imaginer les moyens d'enseigner aux sourds-muets l'articulation et la lecture sur les lèvres, et, fasciné par les succès plutôt apparents que réels obtenus par ces dernières, on prétendit les faire consister principalement à les faire entrer dans la pleine jouissance des avantages du corps social, sans se donner la peine de chercher seulement s'il ne s'offrirait pas quelqu'autre voie plus sûre et plus directe.

Jusqu'au VIe siècle, on n'avait vu aucun vestige d'instruction chez les sourds-muets. Pendant les siècles qui précédèrent l'établissement des asiles consacrés à leur soulagement, ces infortunés furent constamment voués au mépris, à l'ignominie, à toutes sortes de mauvais traitements, à la mort, comme étant la lèpre de la société. Les lois romaines, qui n'étaient pas plus sages, ne leur permettaient pas de disposer, etc.; mais elles exemptaient de cette disposition absurde les sourds de naissance auxquels la nature avait accordé la parole articulée. *Si enim vox articulata eis naturâ concessa est.*

Ces préjugés, enfants de la barbarie et de la superstition semblaient accrédités par l'opinion que quelques théologiens avaient émise à ce sujet sur la foi de certains passages de saint Paul et de saint Augustin, et par celle des philosophes adoptant les assertions d'Aristote, qui a prononcé que les sourds-muets étaient incapables d'apprécier toute la sublimité de la morale.

Pedro de Ponce (mort en 1584), bénédictin espagnol, du couvent de Sahagues, au royaume de Léon, duquel il est parlé ci-dessus, est le premier qui ait eu le courage de s'élever au-dessus des idées reçues, des préventions injustes. Dès lors brilla sur la destinée de ces êtres incomplets l'aurore de leur émancipation. C'est aux soins éclairés de ce religieux que deux frères et une sœur du connétable de Velasco, affligés de la même infirmité, durent d'être parvenus à remplacer l'ouïe par la vue, et la parole par l'écriture. L'impulsion une fois donnée, on vit entrer depuis dans la même carrière, avec plus ou moins de succès, Pedro Bonnet, auteur de l'*Art d'enseigner aux sourds-muets à parler* (Arte para ensenar à hablar à los mudos), auquel les auteurs attribuent l'introduction de l'*Alphabet manuel*; son compétiteur, Ramirez de Carion, muet de naissance, qui entreprit l'éducation d'Emmanuel-Philibert, prince de Carignan, sourd-muet, et dont il me paraît intéressant de mentionner ici l'ouvrage intitulé : *Maravillas de naturaleza, en que se contienen dos mil secretos de cosas naturales,* 1629 (Merveilles de la nature, contenant deux mille secrets des choses naturelles); Pedro de Castro, autre espagnol, premier médecin du duc de Mantoue ; J. Wallis, célèbre professeur de ma-thématiques à l'université d'Oxfort, dont le *Traité de la parole ou de la formation des sons* (Grammatica linguæ anglicanæ), est en possession des suffrages des connaisseurs éclairés, et qui, après avoir travaillé d'abord comme ses devanciers à l'application de la prononciation à l'éducation de ses élèves, abandonna, malgré les succès les plus brillants, cette partie qu'il regardait comme une étude d'une utilité secondaire, pour s'occuper exclusivement et ardemment de leur propre langue, de la langue des gestes naturels; Jean Bulwer, qui avait publié, en l'année 1648, son *Philosophe ou l'Ami des sourds-muets*; William Holder, ecclésiastique, recteur de Blechington ; Degby et Gregory, autres Anglais (je dois faire remarquer ici que ces quatre derniers ne se livrèrent que superficiellement à l'étude de l'art); Van Helmont, en Hollande, qui s'imaginait que la langue hébraïque devait se prêter mieux que tout autre à l'enseignement de l'articulation ; Conrad Amman, médecin suisse en Hollande, qui nous a laissé deux ouvrages auxquels l'abbé de l'Epée reconnaît un haut mérite, l'un intitulé *Surdus loquens* (Amsterdam, 1692), et l'autre la *Dissertation sur la parole* (ibid., 1700); Kerget, en Allemagne, dès le commencement du xviii° siècle; Georges Raphel, son compatriote, ayant parmi ses enfants trois demoiselles sourdes-muettes, qu'il éleva lui-même avec toute la tendresse d'un père ; Othon-Benjamin Lassius, supérieur ecclésiastique à Burgdorff; le pasteur Arnoldi, dont le nom se recommande à la mémoire des amis de l'humanité, tant pour sa charité évangélique que pour sa rare habileté dans cette tâche difficile ; et Heinicke, Saxon, d'abord cultivateur, puis militaire, puis instituteur, devenu chantre à Eppendorff, près de Hambourg, enfin directeur de l'école des sourds-muets de Leipzig, fondée en 1778, par l'électeur de Saxe, maître habile, qui signala son installation par des découvertes pleines de justesse et de sagacité, mais qu'on vit avec peine dégradé sa nouvelle dignité en attaquant avec

acrimonie les principes de l'abbé de l'Epée, qu'il eut l'insupporta-
ble prétention d'abaisser au-dessous des siens propres. Le premier instituteur qu'ait possédé la France est le père Vanin, de la
doctrine chrétienne, qui s'aida d'estampes dans l'éducation de
deux sœurs jumelles sourdes-muettes. C'est chez leur malheureuse mère que le hasard, ou plutôt quelque ange, dirigea les pas de
l'abbé de l'Epée, après la mort du père Vanin. Cette circonstance
offrait un aliment digne de lui au zèle brûlant dont il avait constamment fait preuve dans l'exercice de ses fonctions sacerdotales,
zèle qui avait eu à lutter sans relâche contre le mauvais vouloir de
ses ennemis. Le saint prêtre résolut de se consacrer tout entier au
grand œuvre de l'émancipation intellectuelle et morale des sourds-
muets. Sans livres, sans guide, plein de confiance dans ses propres
forces , il eut le dévouement de se charger d'une immense tâche.
Son esprit judicieux avait découvert dans la langue mimique un
puissant levier propre à remuer et vivifier les intelligences les plus
stupides. Et s'il nous paraît peut-être digne d'envie qu'un instituteur étranger ait donné le premier signal à une œuvre de bienfai-
sance qui semblerait avoir dû naître avec les arts et les sciences
sur notre sol de civilisation avancée, il doit l'être bien plus encore aux yeux du monde éclairé, de voir un instituteur français jeter
le premier et assurer les fondements de l'éducation rationnelle·
Mais, comme si la nature eût voulu montrer l'ouvrier encore im-
parfait dans son œuvre la plus étonnante, l'abbé de l'Epée s'égara
lui-même sur la route qu'il eut la gloire de tracer à ses disciples.
Au lieu d'adapter, ainsi qu'il avait insisté sur ce principe fondamental dans plus d'une édition de ses écrits, l'enseignement de
la langue maternelle à la langue des gestes, il l'enseignait à ses
élèves pour ainsi dire sur le patron du grec et du latin, dans lesquels il cherchait les éléments constitutifs des signes et la valeur
des termes. Par exemple, le signe *introduire* se forme des deux
mots latins *ducere* et *inter* ; *intelligence*, de *intùs* (dedans), et de
legere (lire); *satisfait* se réduit pour l'expression aux deux signes
facit et *satis* (assez). C'est dans cette vue qu'il rédigea un projet
de dictionnaire des signes dont il envoya l'original, dans l'état
d'imperfection, disait-il, où il se trouvait, à son disciple, l'abbé
Sicard, en lui faisant espérer qu'il tâcherait de mettre la dernière
main à son ouvrage.

Au lieu d'être secondé par les sourds-muets eux-mêmes, l'abbé de l'Epée l'avait été par M. Müller, un de ses répétiteurs, surtout dans la rédaction du dictionnaire, qui était resté manuscrit quand il mourut.

Soit dit en passant, pour remplir les vues de son prédécesseur, l'abbé Sicard s'appliqua à compléter ce travail, se flattant de pouvoir faciliter par là les moyens de trouver la clé de cet idiome universel, tant et si inutilement cherchée par les savants de tous les pays et de tous les temps ; mais il ne fut pas plus heureux. Sa *Théorie des signes*, par la longueur des descriptions, fatigue l'attention dès le premier abord, outre l'inconvénient, et c'est un des moindres, d'être éloignée de cette simplicité, de cette précision et de cette vérité que le regard le moins exercé saisit dans le tableau vivant de la pensée.

Ce ne fut que plus tard que l'abbé de l'Epée porta son attention sur l'art d'apprendre à parler aux sourds-muets. Le hasard lui ayant mis sous les yeux le titre du livre de Pierre Bonnet, cité plus haut, il se décida à s'adonner à l'étude de l'espagnol, par le seul motif de rendre service à ces malheureux, comme il le disait lui-même, et il tira parti de la théorie de ce secrétaire du connétable de Castille avec une telle habileté qu'il sut la faire pour ainsi dire sienne. Aussi son ouvrage de ce genre, presque neuf, à la portée des plus faibles intelligences, est encore aujourd'hui recherché par tous les instituteurs, tant pour sa précision que pour son extrême clarté. Mais ce qui recommande davantage sa mémoire à la vénération publique et au culte de nos générations, c'est qu'il ne borna pas seulement son génie au service de la cause sacrée de ceux qu'il regardait comme ses enfants d'adoption ; il sacrifiait la majeure partie de ses revenus (14,000 fr.) à leur nourriture, à leur entretien, au paiement des maîtres et des maîtresses qui partageaient ses travaux, etc. On le voyait porter des habits usés, se contenter des aliments les plus grossiers, s'imposer toutes sortes de privations, refuser les dons que lui envoyaient des souverains étrangers, comme il avait refusé à l'âge de vingt-six ans un évêché que lui offrait le cardinal Fleury, en reconnaissance d'un service personnel.

Qu'il me soit permis de citer un ou deux mots qui peignent si bien le philanthrope. — « Monseigneur, répondait-il à l'ambassadeur de l'impératrice de Russie, qui venait lui offrir, en 1780, de riches présents de la part de sa souveraine, je ne reçois jamais

d'or ; mais dites à sa majesté que si mes travaux lui ont paru di-
gnes de quelqu'estime, je ne lui demande pour toute faveur que
de m'envoyer un sourd-muet de naissance que j'instruirai. » —
« Les riches, dit-il quelque part, ne viennent chez moi que par to-
lérance ; ce n'est point à eux que je me suis consacré, c'est aux
pauvres : sans ces derniers, je n'aurais pas entrepris l'éducation
des sourds-muets. Les riches ont le moyen de chercher et de
payer quelqu'un pour les instruire. »

La charité ardente de cet apôtre, qui embrassait un lointain
avenir, lui fit solliciter du gouvernement une dotation afin de ga-
rantir après sa mort la perpétuité d'un établissement qui, à l'om-
bre de sa haute réputation, allait devenir la métropole d'une foule
d'autres s'élevant à l'envi sur son modèle dans tous les coins du
globe.

Louis XVI réalisa les vœux de cet homme vertueux, en lui accordant sur sa cassette une somme annuelle de 6,000 fr., indé-
pendamment d'une maison voisine du couvent des Célestins, où
l'établissement des sourds-muets a été érigé en institution royale,
en 1791, après avoir été soutenu 12 ans (1760-1772) des seuls de-
niers de l'abbé de l'Epée.

Ce fut dans la douce pensée que son œuvre ne périrait pas avec
lui qu'il expira, en 1789, au milieu des larmes amères de ses enfants chéris.

Jacob-Rodrigue Pereire, portugais contemporain de l'abbé de
l'Epée, était venu en France en l'année 1745, n'ayant pu soutenir
une école de *sourds-muets*, qu'il avait ouverte à Cadix. Là, il avait
été accueilli avec indifférence ; Pa is, au contraire, ville d'exalta-
tion et d'entraînement, cria au miracle, quand il se proclama l'inventeur de la méthode de rendre les sourds-muets à la société :
suffrages, pensions et titres, on vit tout pleuvoir sur l'instituteur
Portugais.

Mais son charlatanisme ne tarda pas à être découvert.

Quelque temps après, apparut un second rival, M. Ernaud, qui
s'attribua aussi le mérite d'inventeur sous les auspices de l'acadé-
mie des sciences, qui avait honoré son mémoire d'un rapport des
plus flatteurs.

Les deux émules, s'évertuant, l'un à faire valoir le prétendu
mérite de la *dactylologie*, perfectionnement incomplet d'un *Al-
phabet-manuel*, qu'il avait recueilli dans les colléges d'Espagne, et

qu'il enrichissait de signes propres à indiquer la prosodie des mots et la diversité des intonations ; l'autre, à exalter outre mesure l'alphabet labial et guttural, furent éclipsés tous deux quand brillèrent les signes méthodiques de l'abbé de l'Épée.

Les autres encore, que la renommée semblait vouloir opposer au modeste instituteur, auraient été plongés avec eux dans un éternel oubli, s'il ne les y eût arrachés lui-même, en les confondant dans son beau triomphe.

En 1779, un *Cours élémentaire d'éducation des sourds-muets* était sorti de la plume de l'abbé Deschamps, chapelain de l'église d'Orléans ; il en résulta des *Observations d'un sourd-muet*, par Desloges, devenu sourd-muet à l'âge de sept ans, par suite de la pétite-vérole, pauvre ouvrier relieur et colleur de papier, élève en pantomime d'un sourd-muet de naissance, Italie n de nation, domestique chez un acteur de la comédie italienne, et ne sachant ni lire ni écrire. Cet opuscule est aussi remarquable par la pureté du style que par la justesse et la finesse des aperçus.

Le chapelain Deschamps conteste, lui, jusqu'à l'obstination, la supériorité de la méthode de l'abbé de l'Epée. et pourtant il possède par lui-même le principe fondamental sur lequel elle repose, le langage des gestes, accordant beaucoup plus à la prononciation qu'elle ne le mérite réellement. Toutefois, son dévouement sans bornes à la cause des sourds-muets, des aveugles-nés, des sourds-muets aveugles, demande grâce en faveur de ses erreurs.

Des disciples formés par les soins de l'abbé de l'Epée, l'abbé Sicard est, sans contredit, celui qui a obtenu la réputation la plus universelle. Au jugement de tous, s'il avait l'esprit moins observateur, moins juste que son illustre prédécesseur, il l'avait plus ingénieux, plus riche, plus flexible. L'abbé Sicard semblait né plutôt pour briller sur un vaste théâtre que pour se confiner dans l'obscurité d'une classe. C'était bien là sa place, sa jouissance, son triomphe, sa vie. Ses fréquents exercices publics attirèrent une foule toujours croissante de spectateurs dont lui-même avait à fendre les flots pressés pour arriver à son piédestal, et qu'on pouvait aisément apprécier par le nombre de brillants équipages qui encombraient toutes les avenues de l'institution. C'était à qui s'empresserait de lui témoigner par de vifs applaudissements l'admiration dont la renommée, portant son nom et ses travaux aux quatre coins du monde, avait rempli l'univers ; c'était plus que de l'enthousiasme, c'était une sorte de fanatisme, de culte. Avec quelle religieuse avidité chacun ne recueillait-il pas les moindres paroles qui sortaient de la bouche de cet heureux orateur, si douce pour le public féminin surtout ! Certes, ce n'est pas moi, privé de cet immense avantage, qui dirai quel ascendant devait exercer sur son auditoire une éloquence pleine de grâce, et environnée des prestiges d'un art mystérieux, art d'autant plus admiré qu'il était moins compris ; et qui semblait surtout emprunter un plus puissant moyen de persuader, de cet intérêt même qui s'attache naturellement au malheur.

Le seul tort qu'on doive reprocher à ce célèbre instituteur (qu'on me permette de le dire franchement), c'est d'avoir contribué trop puissamment, non-seulement par ses démonstrations, mais aussi par ses écrits, à la propagation d'erreurs dangereuses, de préjugés désolants, qui pesaient, et qu'on voudrait faire peser encore sur cette portion intéressante de l'humanité. « Il n'y a point, dit-il dans le *Discours préliminaire de son cours d'instruction*, ouvrage dont les diverses parties manquent d'ensemble, d'ordre et d'harmonie, il n'y a point d'homme moral dans le sourd-muet : les vertus et les vices sont pour lui sans réalité ; en un mot, son âme est une table rase. »

L'expérience est là pour prouver si le tableau ainsi tracé de la position du sourd-muet dans son état primitif n'est pas faux, ou du moins fort exagéré.

Au reste, plus tard, l'abbé Sicard ajouta ailleurs que s'il avait écrit des assertions aussi erronées, il l'attribuait à ce qu'il avait été dominé par cette pensée, un peu égoïste peut-être, que le sourd-muet sans éducation *n'est pas assez instruit pour entendre suffisamment ses questions, et pour lui répondre.* Mais ce n'est pas la faute du sourd-muet, c'est celle de l'instituteur, qui n'a pas assez étudié le langage des gestes, reflet, comme je l'ai déjà observé, plus ou moins fidèle de son intelligence.

Le nom bien moins connu de M. Bébian, ancien censeur des études à l'institution royale de Paris, puis directeur de l'institution spéciale de cette ville (1824-1826), mérite, à plus d'un titre, une place élevée, à part à côté de ses maîtres. Ses ouvrages ont révélé au public un instituteur du premier ordre, un ennemi du charlatanisme, un écrivain d'un goût exquis. Sa longue expérien.

ce, ses succès éclatants dans l'application ingénieuse de ses procédés, ses observations consciencieuses, appuyées sur les faits eux-mêmes, l'ont placé au-dessus de tous ceux qui l'ont précédé ; je n'en excepte que l'abbé de l'Epée, qui, malgré les défauts qu'on reproche justement à sa méthode, mérite d'être regardé comme le premier et le plus grand instituteur des sourds-muets. Le génie créateur ne souffre point de parallèle.

Qu'on me permette ici quelques détails statistiques sur le nombre des sourds-muets, et sur celui des écoles dans lesquelles ils sont admis dans tous les pays du globe.

S'il était permis de s'appuyer sur les recensements faits en 1828 dans la Prusse, lesquels ont constaté 8,223 sourds-muets sur une population de 12,726,823 habitants, le nombre des sourds-muets français devrait être évalué à plus de 20,000, dont un 20e à peine seraient reçus dans les 28 écoles que possède ce royaume. On annonce l'érection prochaine de quelques autres dans d'autres villes. Puisse ce bruit se réaliser ! Puissions-nous hâter de nos vœux l'heureuse époque où il n'y aura plus dans aucun de nos départements un seul enfant sourd-muet privé du bienfait de l'éducation !

La Prusse renferme maintenant 18 écoles, la Grande-Bretagne 14, l'Italie 5, la Russie 2. D'après le même calcul, la population totale des sourds-muets d'Europe serait de 140,000, et le monde entier en contiendrait 550,000 sur 850,000,000 habitants. Le relevé des Etats-Unis d'Amérique en donne 6,000 sur une population de 12,000,000 habitants. La *Gazette de New-York* nous fait connaître que dans l'état de New-Hampshire, au sein de la population noire, on trouve un sourd-muet sur 50 habitants. Veut-on connaître le rapport des sourds-muets dans chaque pays ? On en compte généralement un sur 1,500 ou 1,600 habitants. En Suisse, la proportion variable entre les divers cantons et entre les diverses communes d'un même canton est plus forte encore. On attribue l'agglomération plus ou moins grande des sourds-muets dans ces pays à l'influence du climat et à la position géographique. On a aussi essayé de déterminer le rapport des deux sexes atteints de cette infirmité. D'après des données fournies sur ce sujet par la Suisse, le Danemarck, la Prusse et les Etats-Unis, on remarque que le nombre des sourds-muets surpasse d'un 5e celui des sourdes-muettes.

En 1830 et 1831, 162 bulletins envoyés à l'institution royale de Paris par les parents des élèves, donnent pour résultat 52 sourds de naissance, 37 devenus sourds après. L'origine de l'infirmité des 13 autres n'était pas bien connue.

Sur les 37 élèves affectés d'une surdité accidentelle, avaient perdu l'ouïe :

7 dans la 1re année de leur existence.
13 . . . . dans la 2e.
7 . . . . dans la 3e.
1 . . . . dans la 4e.
5 . . . . dans la 5e.
4 . . . . dans la 6e.

Il résulte de l'examen auquel on s'est livré sur les causes de la surdité, que 8 cas se sont déclarés à la suite de convulsions, 10 après des fièvres erratique, cérébrale, nerveuse, scarlatine, inflammatoire, putride, catarrhale ; 2 après la rougeole, 6 après une maladie vermineuse, un dépôt sous l'oreille, une forte angine, une chute, un refroidissement ou une ophthalmie; 7 après des maladies dont les parents n'ont pas caractérisé la nature. Quant aux 4 autres, on ignore de quelle maladie a pu provenir leur infirmité.

A considérer combien la surdité accidentelle est fréquente, on reconnaîtra sans peine combien il importe de chercher les moyens de la prévenir, ou du moins d'en combattre les suites funestes.

Il est un préjugé encore répandu dans le public, qu'on ne saurait trop s'efforcer de détruire. C'est que cette infirmité se transmet du père ou de la mère à l'enfant. Pas un sourd-muet marié à une parlante ou à une sourde-muette n'a offert jusqu'ici, que je sache, ce triste exemple. Massieu, décédé, qui était marié depuis quatre ans à une demoiselle parlante, a eu 2 enfants doués de tous leurs sens. Clerc, sourd-muet plus distingué encore, a eu d'une sourde-muette américaine, 6 enfants, tous *entendants-parlants*, 3 garçons et 3 filles. Il vient d'en perdre 2. M. Gallaudet, parlant, directeur de l'école de Hartford, dans le Connecticut, a épousé une sourde-muette qui lui a donné 8 enfants, dont pas un seul n'a l'infirmité de la mère. Il serait inutile de multiplier les citations.

N'être pas muet, se dit familièrement d'une personne qui parle hardiment et beaucoup.

Les sérails ont aussi leurs *muets*. Ceux-ci, sans être toujours privés de l'usage de la parole, ne s'expriment jamais que par signes, et exécutent les volontés et les arrêts de mort du grand-seigneur.

Il s'entend en droit de celui qui ne veut pas entendre. En ce cas, la manière de procéder contre le *muet volontaire* ou le *muet par nature* est toute différente. Le juge nomme à ce dernier un curateur quand il ne sait ni lire ni écrire, mais s'il sait et veut écrire, le sourd-muet pourra le faire, et signer toutes ses récusaions, dires et reproches, qui seront toutefois contre-signés par le curateur.

Quant à l'accusé qui ne voudra pas répondre, le pouvant très-bien, le juge lui fera sur-le-champ trois interpellations, à chacune desquelles il lui déclarera que s'il persiste dans son refus, il va lui faire son procès comme à un *muet volontaire.*

Le mot *muet* se dit également de personnes que l'étonnement, la peur, la honte, ou d'autres causes morales empêche momentanément de parler. *Il demeura muet d'étonnement. Il fut si honteux qu'il resta muet. Ils sont muets et embarrassés avec les savants.*

On dit dans le même sens : *Sa bouche resta muette.*

On dit, au moral : *Les grandes joies sont muettes aussi bien que les grandes afflictions. La loi est muette sur ce délit,* pour signifier qu'elle ne peut rien pour la punir.

La peinture est un langage *muet.* Cette épée trouvée dans ses mains était un témoin *muet* de son crime. Il y a une langue *muette,* un jeu *muet*, des scènes *muettes,* au théâtre comme chez les sourds-muets.

La lettre *h,* en grammaire, est *muette,* quand elle n'est point aspirée, comme dans le mot *honneur.* On appelle *e muet* l'*e* féminin qui ne se prononce point dans *boire, flamme, crime,* etc.

MUETTE, est un nom qui a été primitivement donné à une petite maison bâtie, soit pour y garder les mues de cerfs, soit pour y réunir les oiseaux de fauconnerie au temps de la *mue,* soit pour s'y ménager des *tête-à-tête* de galanterie, pendant lesquels les roués de la régence voulurent que tout fût *muet* aux alentours. Plus tard, cette dénomination a été appliquée à des pavillons, à des édifices mêmes considérables, servant aux princes et aux grands de rendez vous de chasse : on disait ainsi : la *Muette* du bois de Boulogne, la *Muette* de la forêt de Saint-Germain-en-Laye.

FERDINAND BERTHIER,
Sourd-muet, professeur à l'école royale de Paris.

UN SOURD-MUET.

Né dans un pauvre village du Languedoc, Pierre Malmor fut en butte, dès ses plus jeunes ans, aux railleries de ses camarades d'enfance, car la nature l'avait affligé de surdo-mutité , mais elle l'avait, en récompense, doué d'un cœur ardent et généreux , qui se trahissait en toute circonstance. Son œil intelligent prévenait les volontés de ses parents, qui bien des fois s'écrièrent, en voyant qu'un regard équivalait, pour lui, à des paroles durement accentuées pour ses frères.

« Pierre fera la fortune de la maison. »

Hélas ! non, la mort l'a enlevé trop jeune, mais du moins il laisse à sa famille un nom désormais impérissable.

Pierre Malmor se trouvait à Paris pendant les déplorables scènes qui ont ensanglanté cette capitale.

A l'agitation qui régnait, à l'inquiétude peinte sur tous les traits, il comprit, lui, arrivé d'hier, que quelque chose de grave se préparait ; sur-le-champ il va trouver un de ses frères en infortune, et, dans leur langage si rapide, il apprend qu'un conflit fratricide se prépare.

Sa première pensée est pour sa mère : il lui écrit ; sa seconde, pour sa patrie : il s'arme, et, par son insistance, obtient de prendre place dans les rangs de la garde nationale.

Les rues étroites de Paris sont changées en coupe-gorges ; chaque maison vomit, par toutes ses ouvertures, le plomb et la flamme ; force est restée à la loi jusqu'alors, mais voici une maison en pierre de taille ; sa porte lourde et massive défie le canon, que l'on ne pourrait amener, car sa position entre deux angles étroits ne le permettrait pas. Chacun hésite, et, en pareil cas, l'hésitation, c'est la mort. Malmor s'élance, les balles pleuvent sur lui ; aucune ne l'atteint, et sa main, hasard ou inspiration, a touché un fil, et la porte s'est ouverte. Gardes nationaux et soldats profitent de cette circonstance providentielle et gravissent les marches de trois escaliers.

Français de cœur et d'âme, je m'abtiens de rendre les scènes d'horreur de ce hideux combat : d'un côté, l'exaspération de militaires irrités d'avoir vu tomber leurs camarades, de l'autre, le fanatisme de l'opinion.

Seul peut-être, Malmor avait conservé le sang-froid nécessaire pour être impartial dans une lutte impie, dont *lui seul* pouvait, en ce moment, être juge.

Des cris affreux retentissent ; Malmor ne les entend pas par les oreilles du corps, mais par celles de l'intelligence, de cette prescience dont les sourds-muets sont, en général, doués.

Il a compris qu'il y a danger pour son semblable, il ne reculera pas : il monte et voit une jeune femme, son enfant au sein, prête à devenir victime d'une infâme brutalité. Son corps lui sert de rempart, et son attitude menaçante a sauvé et la femme et l'enfant.

La maison est évacuée ; une barricade est auprès d'elle, Malmor s'élance ; une balle venait de frapper un jeune homme de 18 ans, il le prend sur ses épaules et le porte à l'ambulance voisine.

Pour la troisième fois il venait d'accomplir ce religieux devoir, lorsqu'une balle égarée vint le frapper au cœur.

Dieu, arbitre de nos destinées, l'avait trouvé de trop sur une terre d'exil, et le rappelait à lui.

Honneur à PIERRE MALMOR, Sourd-Muet, mort pour la Patrie.

La mémoire de Malmor mérite un historien plus digne que moi, et je demande, à celui qui s'en croit capable, de donner la biographie d'un homme qui a mérité de prendre place à côté des héros de Plutarque.

Dans la rue Saint-Jacques, une barricade s'élevait en face de la rue Neuve-Soufflot, pour en défendre l'entrée. Vers trois heures, le vendredi 23, un bataillon du 73ᵉ de ligne, un bataillon de la garde nationale, 11ᵉ légion, et un escadron de dragons s'avançaient résolument pour l'attaquer. Cette troupe était commandée par le brave chef de bataillon Laigneau, à côté duquel marchait M. François Arago, membre encore du pouvoir exécutif. Déjà on avait entendu un roulement de tambour, les trois sommations avaient été faites, on allait tirer, lorsqu'un homme, qu'on nous a dit être M. Pierre L***, se précipite sur la barricade, tend les bras entre les deux camps et exprime le désir de parler. Les armes se baissent, l'ouvrier qui commandait la barricade s'approche, il est à deux pas du chef de bataillon Laigneau, et demande à M. Pierre L*** ce qu'il veut. — L'action est plus rapide que la parole, car M. Pierre L*** est sourd-muet, il prend la main de l'ouvrier et la met dans celle du commandant Laigneau avec une si sublime expression de fraternité, que M. Arago s'approche, de sa voix éloquente, touche les cœurs des combattants, la barricade tombe, il n'y a plus que des frères, le courage moral a triomphé de la force brutale.

Dans les grands événements qui viennent de s'accomplir, les Sourds-Muets ne sont pas restés, comme on pourrait le penser, simples spectateurs de la lutte ; ils ont aussi prêté leur secours à leurs frères, en combattant pour le triomphe de nos libertés. On ne saurait trop louer le courage qu'ils ont montré pendant ces mémorables journées ; plusieurs ont été blessés, et un autre, dont on recherche le nom, a été tué à l'attaque du poste du Château-d'Eau.

On a également remarqué le nommé B. Joueur, atteint de cette infirmité, gardant la galerie d'Orléans, qui avait été transformée en ambulance.

Une colonne d'ouvriers, passant devant l'institution des Sourds-Muets, fut saluée par les élèves, qui s'empressèrent de battre des mains pour les féliciter ; ces braves répondirent aussitôt à leurs acclamations, car ils savaient que tous les membres de cette école qui pouvaient prendre part à la lutte se trouvaient dans leurs rangs.

Le 4 mars suivant, toute l'institution, en grand uniforme, ayant à leur tête un de leurs camarades, ac compagna depuis la Madeleine jusqu'à la Bastille, en suivant la ligne des boulevards , le cortége des citoyens morts pour la défense de nos droits. Ils avaient pris part à cette cérémonie, non parce qu'on leur en avait donné l'ordre, mais par un élan spontané de patriotisme.

Au moment où nous écrivons , l'Institution des Sourds-Muets de Paris possède un jeune élève de treize ans, qui porte à sa boutonnière une médaille d'argent que le gouvernement lui a décernée en 1847, pour un trait de courage. Voici en quels termes M. Monglave, membre de la commission consultative de l'Institution, a retracé ce trait :

« C'était le 14 juin dernier, sur la côte du Hâvre. Quatre enfants ont aperçu sur le sable une chaloupe abandonnée : ils s'en emparent, y montent, rament et s'y balancent, ignorant, pauvres enfants, le danger qu'ils courent. Mais l'un d'eux est entraîné par son aviron trop pesant, il tombe dans l'eau, il s'y débat. Ses camarades poussent des cris déchirants, tous les spectateurs frémissent, l'enfant va périr.

» Heureusement, les deux frères (Hurtrelle Alexandre et Léopold-Hippolyte), âgés, le premier, de quatorze ans, le second, qui est sourd-muet, de douze, se trouvaient aussi sur la plage ; l'un a entendu, l'autre a vu. Ils démarrent la petite barque des bains, ils s'y précipitent, ils font force de rames ; ils sont bientôt près de l'enfant, qui disparaît. Le sourd-muet se jette dans l'eau, il nage, il atteint l'enfant. Mais comment réussir à le faire entrer avec lui dans l'embarcation ? Ses forcés et celles de son frère s'y refusent. Tout-à-coup une idée s'offre à l'esprit du petit sourd-muet : il saisit le petit imprudent par la tête, la soutient hors de l'eau , fait signe à son frère de ramer, et tous trois arrivent sur la grève, aux acclamations de la ville entière, témoin de cet acte d'héroïsme.

» Léopold, entré dans notre école, se montre, au milieu de ses frères sourds-muets, aussi modeste qu'il a été courageux au moment du danger : il ne comprend rien aux félicitations qu'on lui adresse, il ne comprend pas qu'il ait fait une belle action , il ne comprend pas qu'il ait fait autre chose que son devoir. »

LA SOURDE-MUETTE-AVEUGLE.

—

Sourde, muette et aveugle ! A la seule pensée de tant d'infirmités assemblées sur une si faible créature, le cœur éprouve un dou-
loureux saisissement. Quand on aperçoit cette figure, pâle et
chétive, plongée dans des ténèbres et un silence éternels comme
les ténèbres et le silence de la mort, il nous semble voir une malheureuse victime ensevelie vivante dans un tombeau ambu-
lant.

Il existait en 1832, à l'Institution des Sourds-Muets de Paris,
une demoiselle Victorine Morisseau, qui était devenue sourde, et
par conséquent muette aussi, dès l'âge le plus tendre, mais elle
n'était devenue aveugle qu'à l'âge de 13 ans. On avait déjà pu
commencer à lui enseigner à écrire, à lire et à connaître la valeur
de quelques mots, quand elle a été frappée de cécité ; mais alors
son éducation avait été négligée pendant quelque temps, et elle
avait oublié à peu près ce qu'elle savait. Plus tard, en partie à l'aide de caractères imprimés en relief, tels qu'on les emploie pour
l'instruction des aveugles, en partie à l'aide d'entretiens qui ont
eu lieu avec elle par les signes mimiques et à l'aide du tact, elle
se rappela les connaissances qui s'étaient effacées de sa mémoire
et en acquit de nouvelles. Elle exprimait sa pensée par des signes ;
en plaçant la main dans sa main, on lui faisait sentir les formes de
l'alphabet manuel et suivre les mouvements des gestes ; et c'est
merveille de voir comme elle saisit les traits rapides de la pensée
que le geste dessine en l'air.

Elle était restée à l'institution au-delà du temps que le règlement accorde aux enfants indigents ; on écrivit à sa famille, point de réponse. L'inutilité des démarches qu'on avait faites pour la découvrir mit le conseil d'administration dans la triste nécessité d'arrêter que la malheureuse aveugle serait placée dans un hospice, loin de ses compagnes, qui seules pouvaient lui faire oublier sa situation déjà si déplorable.

Deux dames, dont l'une avait sa fille dans l'institution, voulurent du moins adoucir pour Victorine l'amertume d'une si cruelle séparation, en se chargeant de la conduire elles-mêmes dans son nouvel asile, à la Salpêtrière. Personne n'avait eu le courage de préparer mademoiselle Morisseau au sort qui l'attendait. Tout le monde était consterné autour d'elle, elle seule était tranquille. Il ne fut pas difficile de trouver un prétexte pour la faire entrer dans la voiture. Elle part, elle croit aller à une partie de plaisir ; mais à peine la voiture a franchi le seuil de la porte de l'hospice, que la pauvre enfant éprouve un mouvement convulsif semblable à de la terreur. Elle cherche, en tâtonnant, la main de l'une des dames qui étaient auprès d'elle, elle se presse contre sa protectrice et semble vouloir chercher sur son sein un asile contre le malheur qui la menace.

Soit que Victorine eût eu quelque pressentiment de sa destination, soit que la finesse de son odorat l'eût avertie de la différence de l'atmosphère où elle entrait, elle était en proie aux plus vives alarmes. C'est l'hôpital ! c'est l'hôpital ! ne cessait-elle de répéter dans son langage, en descendant de voiture ; et son geste énergique ajoutait encore à l'horreur dont elle était saisie. Ses genoux fléchissaient sous elle, et sa conductrice, en soutenant sa marche chancelante, cherchait vainement à calmer son agitation.

On arrive au quartier de l'hospice destiné aux femmes aveugles. La supérieure, apercevant les angoisses de cette pauvre enfant, allait lui adresser quelques mots consolants ; mais on la retira de son erreur en lui apprenant que l'infortunée était aussi privée de l'ouïe et de la parole.

À cette nouvelle imprévue, une larme d'attendrissement voile ses yeux, habitués depuis tant d'années au spectacle de toutes les infirmités. Elle veut du moins serrer la main de l'infortunée, qui ne peut ni entendre sa voix ni répondre à ses regards. Victorine, sensible à cette douce étreinte, cherche à reconnaître d'où lui vient ce signe affectueux : en tâtonnant, elle touche la robe grossière de la sœur. Soudain elle jette un cri déchirant, et repousse avec effroi la main qui pressait si tendrement la sienne. Cette robe a dissipé tous ses doutes, a confirmé toutes ses craintes. Elle ne met plus de bornes à son désespoir.

La sœur, qui ne peut comprendre ce soudain emportement, s'approche pour calmer Victorine, et ne fait qu'irriter sa terreur et ses cris.

A ces violents transports succéda un profond abattement. Immobile sur son siége, la tête penchée sur sa poitrine, elle se sentait étrangère : c'était, à son opinion, la réunion de toutes les plus hideuses infirmités, de toutes les maladies les plus repoussantes, les plus redoutables, les plus contagieuses, et son imagination les lui représentait comme autant d'affreux spectres prêts à la saisir.

Cette pauvre enfant, naguère si empressée à faire connaissance avec tout ce qui l'entourait, elle qui aimait à sentir la vie autour d'elle et ne paraissait heureuse que lorsque sa main rencontrait un être sensible qui pût entrer en rapport avec elle, maintenant, tout ce qui l'approche la fait frissonner d'épouvante. Si elle sent le plus léger frémissement d'un vêtement, elle se retire sur elle-même, comme la *sensitive*; elle cherche à rétrécir encore l'espace étroit qu'elle occupe ; elle voudrait, en quelque sorte, s'anéantir, pour mieux se soustraire à la contagion des maux dont l'air même lui semble chargé.

Lorsque, quelques jours après, les dames protectrices revinrent la voir, elles la trouvèrent sur le même siége, dans la même attitude : elle semblait inanimée, et on l'aurait cru privée de sentiments sans les larmes qui, de ses paupières fermées, coulaient comme deux ruisseaux, et sans les profonds sanglots qui, de temps en temps, soulevaient avec effort sa poitrine. La supérieure, en leur assurant que la pauvre enfant succomberait infailliblement à son profond chagrin si on ne la retirait de l'hospice, les pria d'employer leur crédit pour obtenir qu'elle fût rendue à ses compagnes. L'une des dames, madame de Chasseloup, profondément touchée, promit de lever toutes les difficultés en payant elle-même la pension de cette infortunée qui, en effet, peu de jours après, fut rappelée à l'institution.

Quand on vint la chercher, elle ne voulait pas croire à tant de félicité inattendue, et s'en défendait comme de l'illusion d'un songe enchanteur. Enfin, elle ne laissa éclater sa joie que lorsque, arrivée dans la cour de l'institution, elle sentit l'air qu'elle avait respiré si longtemps.

Après s'être livrée aux embrassements de ses compagnes, qui se pressaient autour d'elle, elle veut les reconnaître l'une après l'autre. Elle fait voltiger ses doigts sur leurs mains et leurs vêtements, et nommant chacune par le signe qui la caractérise, elle la serre de nouveau dans ses bras avec la plus vive tendresse. Tous ses chagrins sont effacés par le bonheur de ce moment ; elle peut s'y abandonner sans retour, car elle a reçu l'assurance que son sort ne changera plus. En effet, depuis cette époque, mademoiselle Morisseau est restée constamment dans l'institution, où, grâce à son instruction religieuse, qu'elle avait reçue de bonne heure et qui exerçait sur sa destinée la plus heureuse influence, la sérénité se peignait dans ses traits, et son humeur était gaie.

Un jour qu'une des institutrices lui demandait la cause de sa joie, elle lui répondit qu'elle pensait à Dieu, qu'elle songeait à l'autre vie qui lui était promise, et qu'elle se réjouissait du bonheur qui l'y attendait.

Cette infortunée est un monument vivant de la puissance des sentiments moraux et religieux sur la destinée de l'homme.

Mademoiselle Morisseau est morte.

Comment l'abbé de l'Epée fut-il amené à tirer d'un trop long oubli des milliers de sourds-muets condamnés jusqu'alors à la condition la plus triste et la plus déplorable qu'il soit possible d'imaginer sur la terre, à les réhabiliter dans leurs droits d'homme et de citoyen?

———

Une dame de Paris, veuve et peu fortunée, avait deux filles sourdes-muettes, dans l'âge où l'on songe à disposer du sort de leurs pareilles. Ces deux sœurs recevaient des leçons d'un père de la doctrine chrétienne, qui, sans méthode, faisait quelques efforts pour développer leur intelligence. On n'avait encore obtenu aucun succès marqué, lorsqu'elles perdirent ce précieux ami. Ces deux infortunées furent très-affligées de sa perte ; mais la mère la sentit plus vivement. La mère, qui, plus capable d'apprécier toute la rigueur de leur destinée, surtout lorsqu'elles seraient privées de sa présence, de son appui, de sa tendresse et de son amour, ne cessait de pleurer le malheur de sa fécondité.

Une affaire conduit l'abbé de l'Epée dans cette maison. La mère étant absente, il demanda à attendre son retour. On l'introduit dans un salon, où il ne trouve que les deux muettes (dont il ignorait l'infirmité), occupées à un ouvrage de leur sexe. Elles le reçoivent avec cet air intéressant que l'on a toujours à cet âge, et dont un silence, qu'il est si naturel d'attribuer à la modestie ou à la timidité, relève encore les charmes ingénus.

Il leur adresse la parole... ; mais les jeunes personnes restent immobiles, les yeux fixés sur leur ouvrage... Il élève la voix... point de réponse.

Tandis que l'abbé de l'Epée, étonné d'un silence si absolu, cherche vainement à s'en rendre raison, la mère rentre, lui apprend, non sans verser un torrent de larmes, la disgrâce de ses filles et la douleur qui la consume.

L'affaire qui l'avait amené fait bientôt place, dans son esprit et dans son cœur, au vif intérêt que lui inspire une si grande infortune ; leur sort éternel fixe d'abord leur attention.

Il ne lui faut pas de longues réflexions pour être convaincu que l'enseignement doit et peut les sauver.

Voila le cœur d'où vint la grande pensée de répandre les lumières de l'instruction sur le peuple sourd-muet.

MÉTHODE D'ÉDUCATION DES IDIOTS.

Lorsque Peraire et l'abbé de l'Epée trouvèrent des méthodes d'enseignement pour les sourds-muets ; lorsque Haüy trouva sa méthode d'enseignement des aveugles, le dix-huitième siècle battit des mains. Le dix-neuvième siècle se plaît à des miracles plus substantiels ; et, pourvu qu'il marche sur le pied de dix lieues à l'heure, les progrès moraux et charitables, qui ne profitent directement qu'à un certain nombre d'infortunés, lui importent peu : son cœur est une chaudière, son pouls un régulateur, son âme la vapeur.

Il y a pourtant d'honorables exceptions à cette perversion du sens moral dans tous les pays qui se sont livrés au démon impérieux de l'industrie, comme Faust à Méphistophélès. Aujourd'hui (comme il y a soixante-dix ans), un homme jeune et intelligent a cherché à faire rentrer dans la vie commune un grand nombre de créatures retranchées de la société, sous le nom d'Idiots. Cet homme est M. Edouard Séguin. A l'âge où ses camarades ne songeaient encore qu'au plaisir, il s'enfermait avec des idiots, leur prodiguait ses soins, son attention, sa charité.

A trente ans, ses écrits et sa pratique avaient acquis assez d'importance pour que le ministre de l'intérieur l'eût seul chargé d'organiser le service de l'éducation des jeunes idiots, dans deux des plus grands hospices de Paris. En même temps qu'il pratiquait ainsi publiquement, le jeune professeur publiait de nouvelles observations et des fragments de la méthode qu'il employait. Enfin sa méthode complète a paru.

Rien de plus ingénieux et de plus simple, tout à la fois, que le moyen dont M. Edouard Seguin se sert pour apprendre aux idiots à se tenir, à marcher, à parler, à agir, à penser, à vouloir même, comme tout le monde, ou du moins de la façon qui en approche le plus.

Dans les mains de M. Séguin, la gymnastique est devenue un art nouveau, où tous les exercices d'acrobate sont remplacés par des études de fonctions motiles ; les exercices qu'il gradue pour apprendre à parler au muet, à corriger les défauts de prononciation, comme le bégaiement, sont infaillibles, sauf dans les cas de paralysie; mais ce que l'on ne saurait assez admirer dans sa méthode, c'est tout ce qu'il a inventé pour faire entrer de vive force et matériellement des idées dans des têtes d'idiots. Pour faire cela, il a donné un corps à toute idée, à toute connaissance primitive; avec lui, un carré est un corps, une lettre est un corps, tout prend un corps visible, saisissable, inévitable pour l'idiot le plus idiot. Les *images graduées*, que la maison Aubert a publiées spécialement pour les idiots, font partie de cette méthode de M. Seguin ; mais ce qui ne saurait se publier, ce que l'auteur ne dit pas, mais ce qu'on devine, c'est le courage dont il a besoin, pour continuer, depuis plus de dix ans, une tâche qu'aucun médecin d'hospice n'a seulement pas osé regarder comme possible ; c'est la charité immense qu'il faut avoir dans le cœur tous les jours, à tout instant, pour vivre constamment avec ces créatures repoussées du monde, et si repoussantes pour la plupart. Nous ne manquons pas d'hommes capables de mettre sur pied et de faire mouvoir des machines de 50, de 100, de 800 chevaux; il n'y en a qu'un seul capable de faire agir, penser, vouloir, vivre enfin un idiot, et cet homme, c'est M. Edouard Séguin. Nous le disons *prophétiquement* les premiers : On se souviendra de ce nom.

PARMI LES SOURDS-MUETS SAVANTS.

—

Qu'est-ce que l'éternité ?

R. Sans naissance, ni mort, la jeunesse, sans enfance ni vieillesse, l'aujourd'hui sans hier ni demain ; le jour circulaire sans succession, le non-âge.

Qu'est-ce que l'espérance ?

R. C'est la fleur du bonheur.

Qu'est-ce que la reconnaissance ?

R. C'est la mémoire du cœur.

Qu'est-ce qu'une difficulté ?

R. C'est possibilité avec obstacle.

Qu'est-ce qu'un sens ?

R. C'est une porte.

Qu'est-ce que Dieu ?

R. Dieu est l'être nécessaire, le soleil de l'éternité, l'horloger de la nature, le machiniste de l'univers et l'ami du monde.

Qu'est-ce que l'ambition ?

R. L'ambition est le désir immodéré d'avoir encore après avoir eu beaucoup ?

Les sourds-muets sont-ils malheureux ?

R. Ils ne sont pas malheureux : qui n'a rien eu, n'a rien perdu ; et qui n'a rien perdu n'a rien à regretter.

Qu'est-ce que l'ingénuité ?

R. L'ingénuité est naturelle, franche, naïve, sans finesse, sans déguisement ou sans détours dans ses paroles comme dans ses actions.

Qu'est-ce que la clémence ?

R. C'est un pardon magnifique.

Quelle différence y a-t-il entre le raisonnement et le jugement ?

R. Le raisonnement enchaîne les comparaisons, le jugement les déduit les unes des autres.

DACTYLONOMIE ET CHIRONOMIE,

OU CALCUL PAR LES DOIGTS ET PAR LES MAINS.

L'art d'exprimer les nombres par la position des doigts sur les mains, ou des mains sur le corps, paraît remonter à une haute antiquité. Un assez grand nombre de passages des auteurs anciens, sacrés et profanes, y font allusion, et ne peuvent être bien compris que si l'on a l'intelligence du sujet.

C'est à Bède-le-Vénérable, moine anglo-saxon du septième siècle, que l'on doit le premier travail méthodique à ce sujet. Il se compose d'un texte très-court et de 55 figures. Les 36 premières expriment les nombres avec les doigts seulement, et constituent ainsi la *dactylonomie;* les 19 autres, relatives à la *chironomie,* empruntent leur signification aux diverses positions des mains.

Jean Tourmayer, plus connu sous le nom d'Aventinus, historien bavarois du commencement du seizième siècle, ayant trouvé le manuscrit de Bède avec les figures qui l'accompagnaient dans la bibliothèque de St-Hæmeran, à Ratisbonne, fit graver ces figures et les publia pour la première fois avec le texte latin, dans cette ville, en 1532, sous le titre de : *Abacus,* etc. Cet opuscule fut réimprimé à Leipzig, en 1710, à la suite des *Annales de Bavière,* du même auteur.

Il résulte, de l'inspection du tableau formé par ces figures, que les unités simples (de 1 à 10) et les dizaines (de 10 à 90) s'expriment au moyen de la main gauche ; que les centaines (de 100 à

900), et les mille (de 1,000 à 9,000), s'expriment au moyen de la main droite. La position, pour les centaines, est absolument la mê_me que pour les dizaines de même nombre, et la position pour les mille est aussi parfaitement symétrique de celle qui se rapporte aux unités simples. Ainsi, par exemple, 4 et 4,000 d'une part, 40 et 400 d'autre part, sont représentés par des figures, dont l'une est comme le renversement de l'autre.

Au-delà de 9,000, ce n'est plus par la flexion des doigts, c'est par la position des mains que se marquent les nombres. La main gauche est consacrée aux dizaines de mille (depuis 10,000 jusqu'à 90,000); la main droite s'emploie exclusivement pour marquer les centaines de mille (depuis 100,000 jusqu'à 900,000), et leurs positions sont toujours deux à deux symétriques.

Enfin, 1,000,000, le dernier nombre que l'on soit convenu de représenter, exige l'emploi des deux mains croisées au-dessus de tête.

Le texte de Bède ne donne aucune lumière sur l'origine de ces signes et sur leur emploi chez les anciens; car nous ne pouvons nous arrêter aux emblêmes ridicules qu'il attribue à quelques-uns de ces signes. Aventinus est presque aussi laconique. Leupold, dans son *Theatrum-arithmetico-geometricum*, annonce que l'on possède bien peu de chose à ce sujet. Il cite l'anglais John Belwer, qui a composé un livre entier sur la matière, et qui a proposé des signes très-peu différents de ceux de Bède. Enfin il considère quelques-uns des chiffres romains simples, notamment le V (cinq) et l'X (dix), comme dérivés d'anciens signes que l'on faisait avec les doigts. Cependant, il reconnaît que C, employé pour désigner 100, est l'initiale de *Centum*, que M, employée pour désigner 1,000, est l'initiale de *Mille*. Les signes L et D, qui représentent respectivement 50 et 500, s'expliquent tout aussi facilement, si l'on admet que le C se traçait autrefois d'une manière anguleuse, ainsi E, de manière à simuler une L double, et que pour l'M on a employé le signe cɪɔ. Il était donc naturel de prendre pour 50 et pour 500 les moitiés des signes qui représentent respectivement 100 et 1,000, soit L et ɪɔ ou D.

Tout ce qui précède est relatif seulement à la *numération* sur les doigts. Mais le *calcul* par les doigts, la confection d'une multiplication, par exemple, a occupé aussi certains auteurs. Pierre Apian, astronome du seizième siècle, renvoie, dans un traité du calcul, à sa *Centiloquie* pour le détail d'une opération de ce genre. Cet ouvrage ne figure pas dans les biographies spéciales , et Leupold, qui écrivait en 1725, n'avait jamais pu se le procurer. Nous sommes donc réduits à procéder par voie de conjecture. Néanmoins, il paraît évident que la multiplication d'Apian devait n'être possible que pour des nombres assez faibles. La deuxième question du chapitre II des Récréations arithmétiques de Montucla se rapporte évidemment a un procédé de ce genre, qui n'est pas sans intérêt, comme donnant un exemple ancien de certaines méthodes de calcul qui ont été développées de nos jours et réunies en un corps de doctrines, sous le titre d'*Arithmétique complémentaire*.

Quant au rôle que le nombre de nos doigts a joué dans la fixation du système décimal de numération, il est incontestable. C'est bien certainement parce que nous avons dix doigts aux mains , qu'après avoir compté jusqu'à dix, les premiers hommes ont compté par dizaines comme par unités simples, puis par centaines comme par dizaines, et ainsi de suite. Mais est-il vrai que la structure de nos mains dût nous conduire invinciblement à un système qui est relativement fort inférieur au système duodécimal? La nature a-t-elle été pour nous un mauvais guide en cette circonstance, ou plutôt n'avons-nous pas méconnu les indications qu'elle nous donnait? Telle est la question que s'est posé M. Transon , dans l'article *Arithmétique* de l'encyclopédie nouvelle , et il l'a tranchée de la manière la plus inattendue, en mettant en lumière une idée fort ingénieuse de Fourier, le célèbre auteur du système phalanstérien.

Nous avons à chaque main *quatre* doigts, composés de *trois* articulations ou phalanges, et ensuite un cinquième doigt hors ligne, le pouce, qui est opposable, qui est pivotal, et qui peut parfaitement accomplir les fonctions de compteur ou de numérateur. En affectant un numéro d'ordre à chaque phalange, on peut donc, sur chaque main, compter jusqu'à 12 ; et pour peu que l'on convienne de marquer les douzaines sur l'une des mains, tandis que l'autre reste consacrée au service des unités, on arrive ainsi à compter jusqu'à 13 fois 12, soit 156. Les deux pouces marquent, l'un, à gauche, 10 douzaines ou 120, et l'autre, à droite, 12 unités, soit en tout 132. On sort ainsi de l'embarras où l'on se trouve placé lorsque, voulant appliquer les mains au système décimal, on a terminé une dizaine. Car ce ne pouvait être qu'à l'aide d'une marque particulière, d'un caillou mis à part, d'une encoche pratiquée sur un morceau de bois, que les premiers hommes ont compté par dizaines sur leurs doigts. Dans l'élégant système de Fourier, au contraire, les mains fournissent à la fois le compteur, les unités simples et les unités du second ordre ou dizaines. N'est-ce donc pas le cas de répéter avec M. Transon : « Non, la nature n'était pas, en cette circonstance, un mauvais guide..... et si les nations ont adopté un système de numération relativement défectueux, c'est précisément parce qu'elles ont mal obéi aux indications de la nature, c'est parce qu'elles ont mal usé de ses dons ! Et cela, j'ose le dire, est arrivé aux nations d'autres fois encore, et pour des choses de plus haute importance que le choix d'une échelle arithmétique. »

IMPRIMERIE NOEL-BOUCART.

30